Impressum
Verlag: BABADADA GmbH, Nedderfeld 112 , 22529 Hamburg
Geschäftsführer / Verlagsleitung: Harald Hof
Druck: Books on Demand GmbH, In de Tarpen 42, 22848 Norderstedt

Imprint
Publisher: BABADADA GmbH, Nedderfeld 112 , 22529 Hamburg, Germany
Managing Director / Publishing direction: Harald Hof
Print: Books on Demand GmbH, In de Tarpen 42, 22848 Norderstedt

school

kool

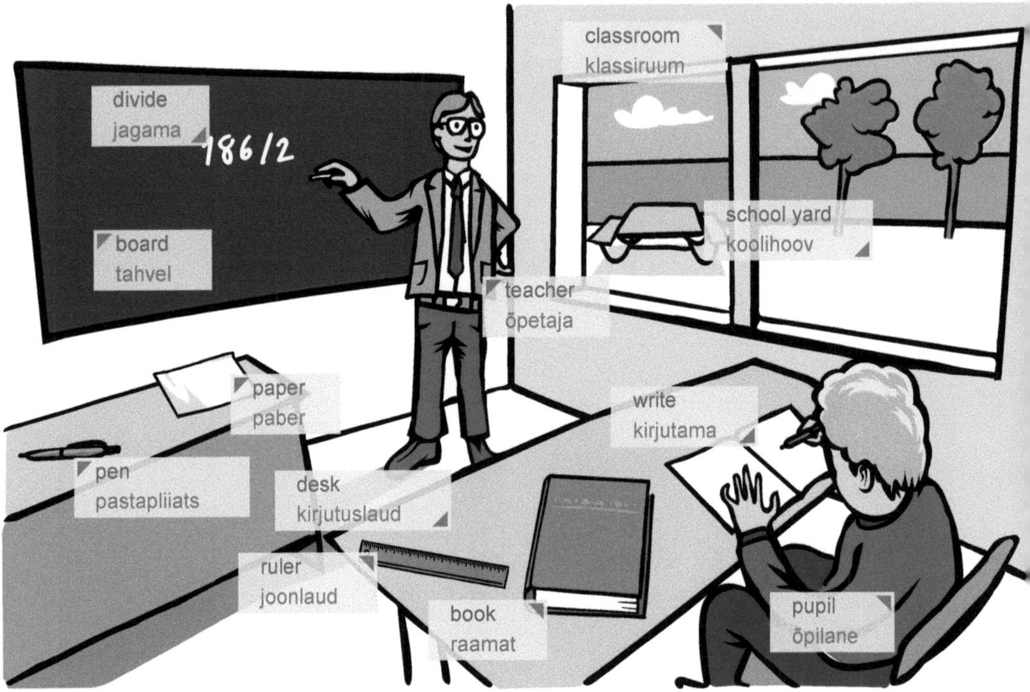
classroom
klassiruum
divide
jagama
186/2
board
tahvel
school yard
koolihoov
teacher
õpetaja
paper
paber
write
kirjutama
pen
pastapliiats
desk
kirjutuslaud
ruler
joonlaud
book
raamat
pupil
õpilane

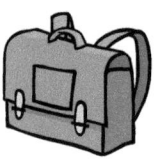

satchel

koolikott

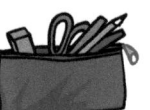

pencil case

pinal

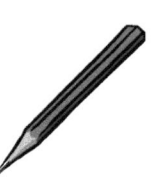

pencil

harilik pliiats

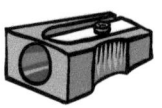

pencil sharpener

pliiatsiteritaja

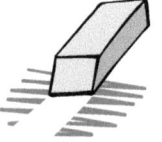

rubber

kustukumm

drawing pad

joonistusplokk

drawing

joonistus

paintbrush

pintsel

paint box

värvikarp

scissors

käärid

glue

liim

exercise book

töövihik

homework

kodutöö

number

number

add

liitma

subtract

lahutama

multiply

korrutama

calculate

arvutama

letter

täht

alphabet

tähestik

word

sõna

text

tekst

read

lugema

chalk

kriit

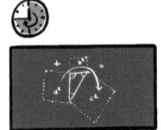

lesson

koolitund

register

klassipäevik

exam

eksam

certificate

tunnistus

school uniform

koolivorm

education

haridus

encyclopedia

entsüklopeedia

university

ülikool

microscope

mikroskoop

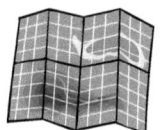

map

kaart

waste-paper basket

paberikorv

travel
reisimine

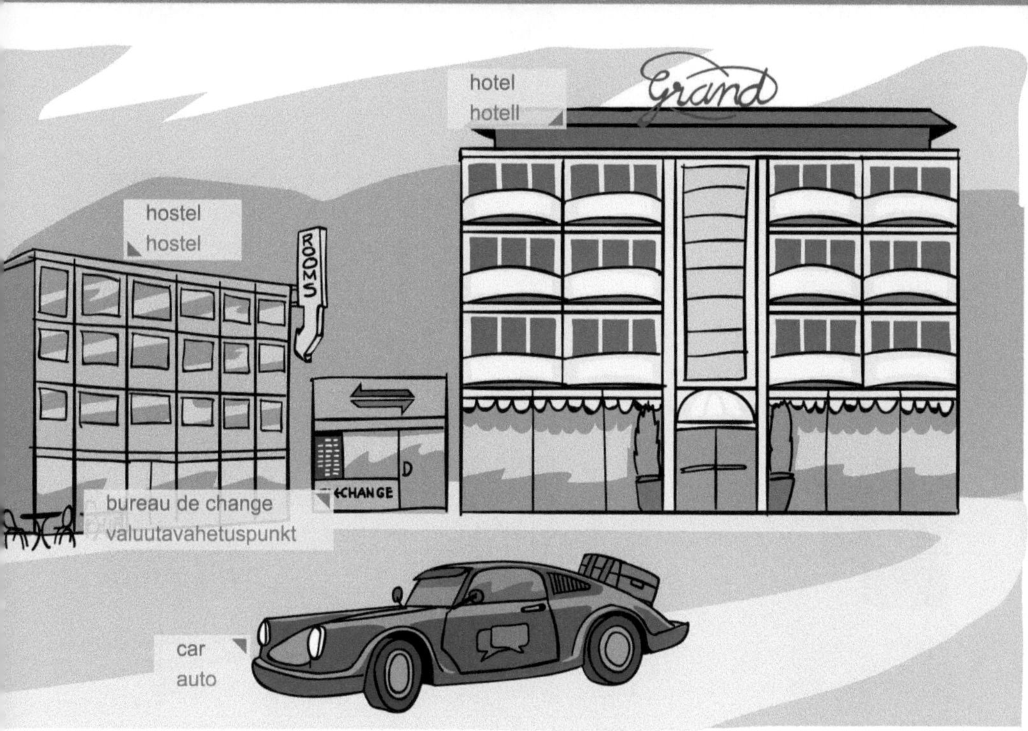
hotel
hotell
Grand
hostel
hostel
ROOMS
EXCHANGE
bureau de change
valuutavahetuspunkt
car
auto

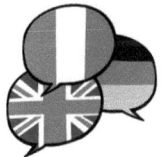

language
keel

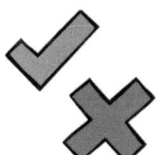

yes / no
jah / ei

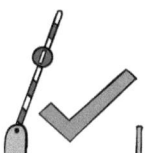

Okay
okei

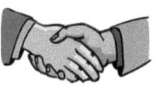

hello
Tere!

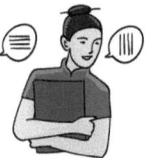

translator
tõlk

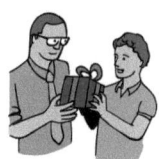

Thank you
Aitäh!

how much is…?

Kui palju maksab …?

I do not understand

Ma ei saa aru

problem

probleem

Good evening!

Tere õhtust!

Good morning!

Tere hommikust!

Good night!

Head ööd!

bye bye

Head aega!

direction

suund

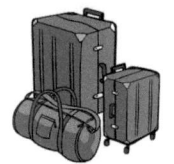

luggage

pagas

bag

kott

backpack

seljakott

guest

külaline

room

tuba

sleeping bag

magamiskott

tent

telk

tourist information

turismiinfo

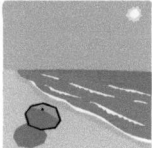

beach

rand

credit card

krediitkaart

breakfast

hommikusöök

lunch

lõunasöök

dinner

õhtusöök

ticket

pilet

lift

lift

stamp

postmark

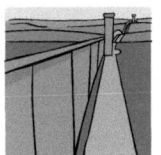

border

riigipiir

customs

toll

embassy

saatkond

visa

viisa

passport

pass

travel - reisimine

transport

transport

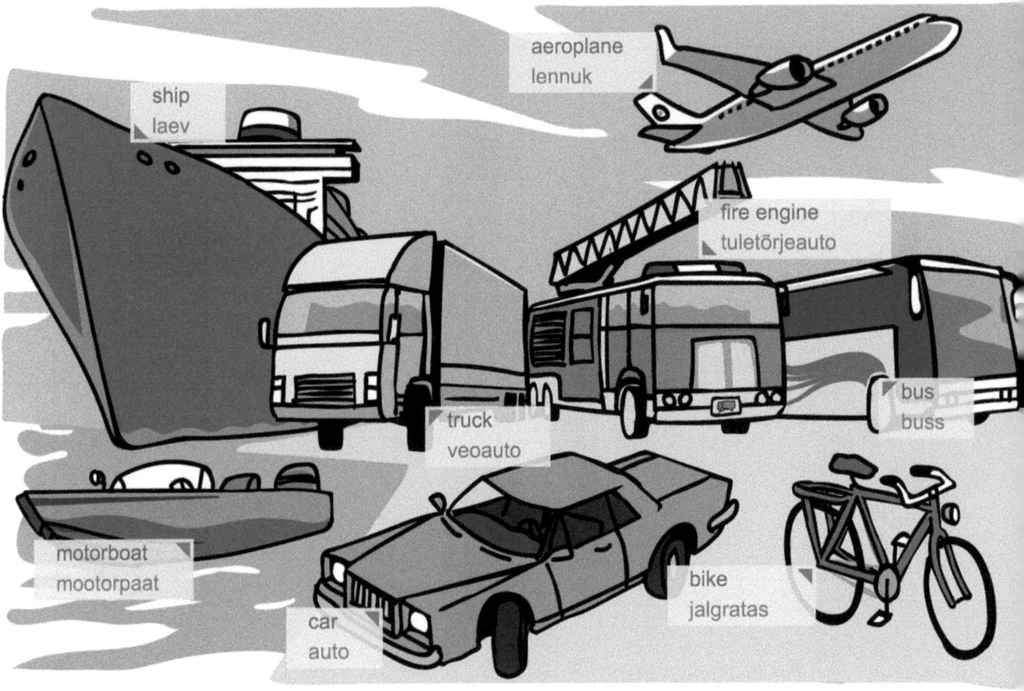
aeroplane
lennuk
ship
laev
fire engine
tuletõrjeauto
bus
buss
truck
veoauto
motorboat
mootorpaat
bike
jalgratas
car
auto

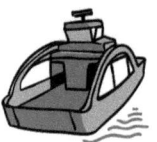

ferry

praam

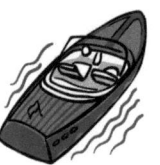

boat

paat

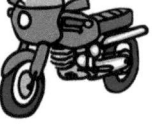

motorbike

mootorratas

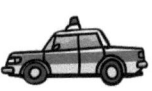

police car

politseiauto

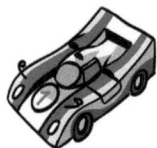

racing car

võidusõiduauto

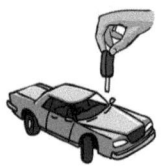

rental car

rendiauto

car sharing

ühisauto

breakdown truck

puksiirauto

refuse truck

prügiauto

motor

mootor

fuel

kütus

petrol station

tankla

traffic sign

liiklusmärk

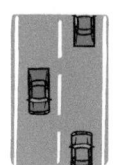

traffic

liiklus

traffic jam

liiklusummik

car park

parkla

train station

raudteejaam

tracks

rööpad

train

rong

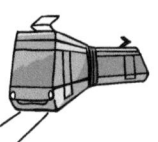

tram

tramm

carriage

vagun

helicopter

helikopter

airport

lennujaam

tower

torn

passenger

reisija

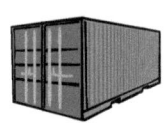

container

konteiner

carton

pappkast

cart

käru

basket

korv

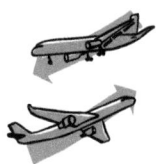

take off / land

õhku tõusma / maanduma

city

linn

village

küla

city centre

kesklinn

house

maja

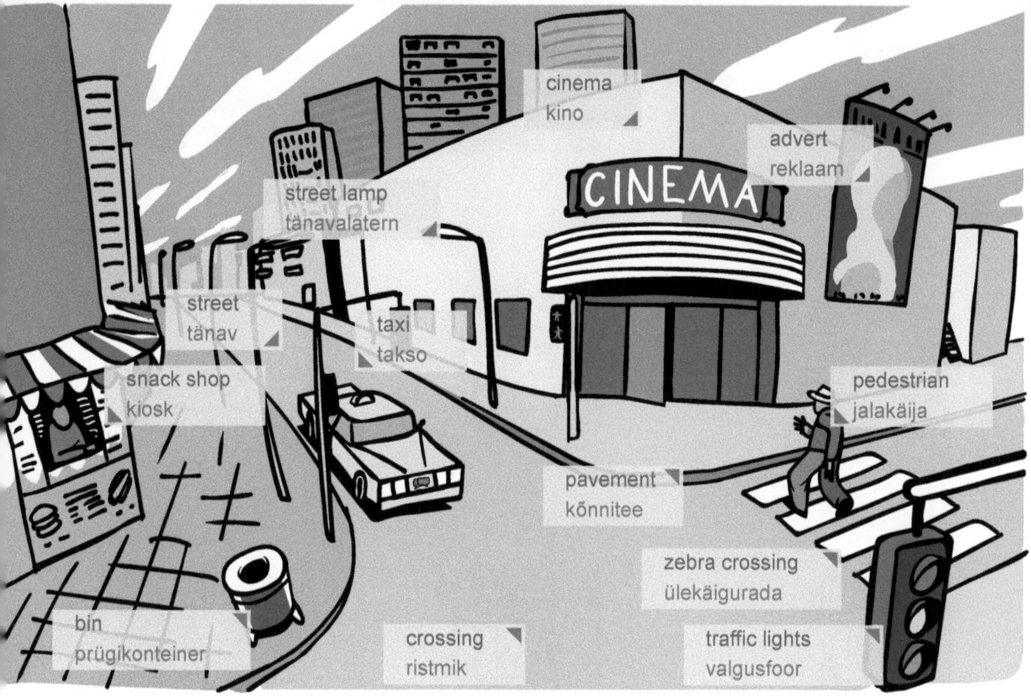

cinema
kino

advert
reklaam

street lamp
tänavalatern

CINEMA

street
tänav

taxi
takso

pedestrian
jalakäija

snack shop
kiosk

pavement
kõnnitee

zebra crossing
ülekäigurada

bin
prügikonteiner

crossing
ristmik

traffic lights
valgusfoor

hut
osmik

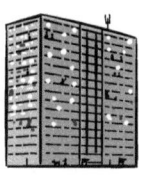

flat
kortermaja

train station
raudteejaam

town hall
raekoda

museum
muuseum

school
kool

university

ülikool

bank

pank

hospital

haigla

hotel

hotell

pharmacy

apteek

office

kontor

book shop

raamatupood

shop

kauplus

florist's

lillepood

supermarket

supermarket

market

turg

department store

kaubamaja

fishmonger's

kalapood

shopping centre

kaubanduskeskus

harbour

sadam

park

park

bench

pink

bridge

sild

stairs

trepp

underground

metroo

tunnel

tunnel

bus stop

bussipeatus

bar

baar

restaurant

restoran

postbox

postkast

street sign

tänavasilt

parking meter

parkimisautomaat

zoo

loomaaed

swimming pool

ujula

mosque

mošee

farm
talu

pollution
reostus

graveyard
surnuaed

church
kirik

playground
mänguväljak

temple
tempel

landscape
maastik

signpost
teeviit

way
tee

meadow
aas

stone
kivi

hiker
matkaja

tree
puu

river
jõgi

grass
rohi

flower
lill

valley

org

hill

mägi

lake

järv

forest

mets

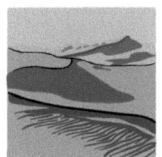

desert

kõrb

volcano

vulkaan

castle

linnus

rainbow

vikerkaar

mushroom

seen

palm tree

palm

mosquito

sääsk

fly

kärbes

ant

sipelgas

bee

mesilane

spider

ämblik

landscape - maastik

beetle

mardikas

frog

konn

squirrel

orav

hedgehog

siil

hare

jänes

owl

öökull

bird

lind

swan

luik

boar

metssiga

deer

hirv

moose

põder

dam

pais

wind turbine

tuuleturbiin

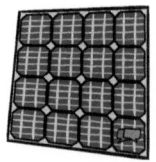

solar panel

päikesepaneel

climate

kliima

restaurant
restoran

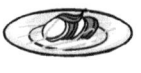

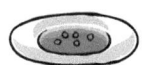

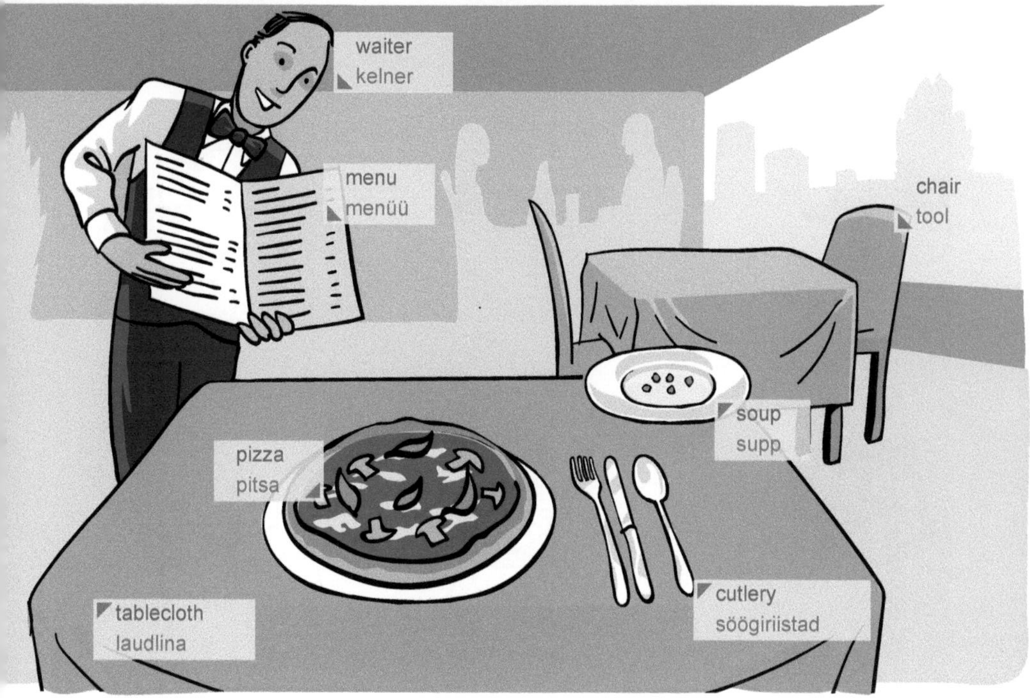
waiter
kelner
menu
menüü
chair
tool
soup
supp
pizza
pitsa
cutlery
söögiriistad
tablecloth
laudlina

starter
eelroog

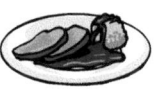

main course
pearoog

dessert
magustoit

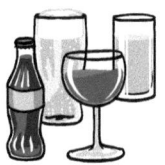

drinks
joogid

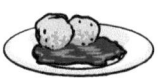

food
toit

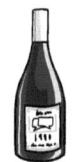

bottle
pudel

fast food

kiirtoit

street food

tänavatoit

teapot

teekann

sugar bowl

suhkrutoos

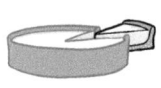

portion

portsjon

espresso machine

espressomasin

high chair

lastetool

bill

arve

tray

kandik

knife

nuga

fork

kahvel

spoon

lusikas

teaspoon

teelusikas

serviette

salvrätik

glass

klaas

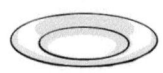

plate

taldrik

soup plate

supitaldrik

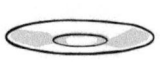

saucer

alustass

sauce

kaste

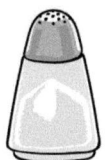

salt pot

soolatoos

pepper mill

pipraveski

vinegar

äädikas

oil

õli

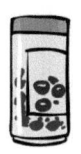

spices

vürtsid

ketchup

ketšup

mustard

sinep

mayonnaise

majonees

supermarket
supermarket

special offer
eripakkumine
FOR
customer
klient
dairy
piimatooted
fruit
puuviljad
trolley
ostukäru

BUTCHERS

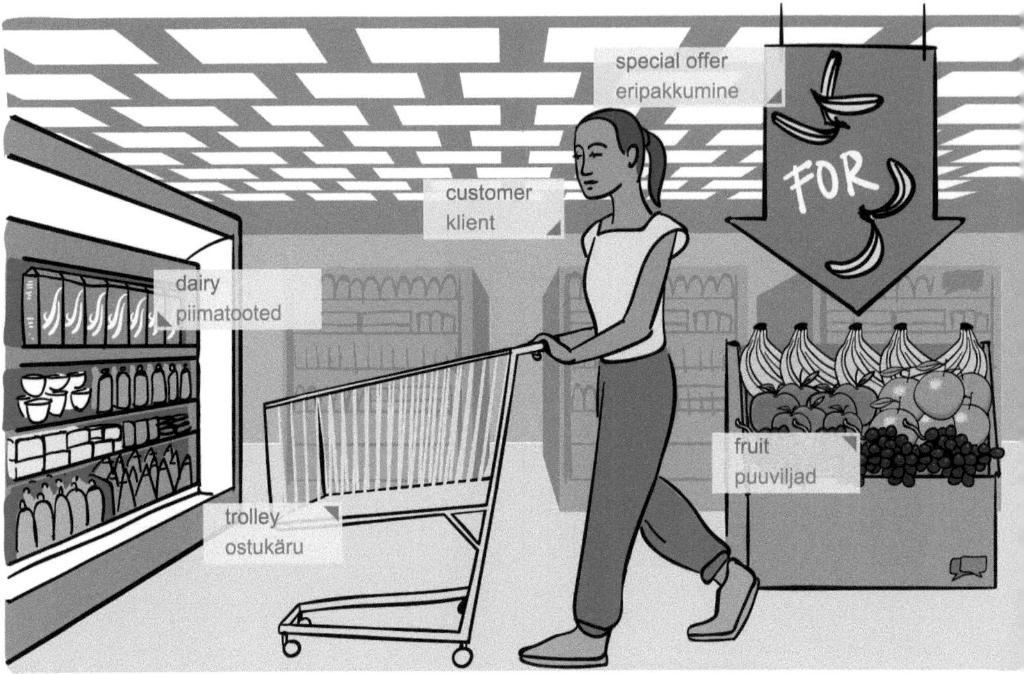

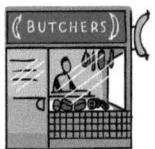

butcher´s

lihapood

BAKERY

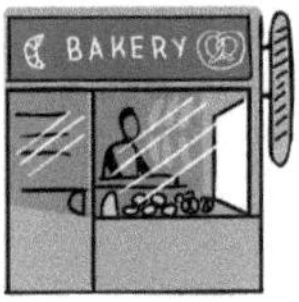

baker´s

pagariäri

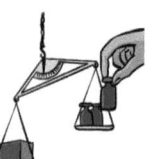

weigh

kaaluma

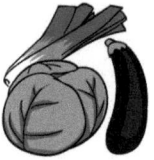

vegetables

köögiviljad

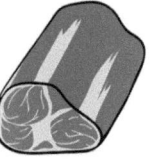

meat

liha

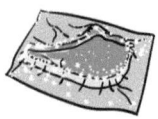

frozen food

külmutatud toit

cold meat

lihalõigud

tinned food

konservid

washing powder

pesupulber

sweets

maiustused

household products

majatarbed

cleaning products

puhastustooted

salesperson

müüja

till

kassaaparaat

cashier

kassapidaja

shopping list

ostunimekiri

opening hours

lahtiolekuajad

wallet

rahakott

credit card

krediitkaart

bag

kott

plastic bag

kilekott

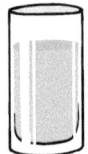

water

vesi

juice

mahl

milk

piim

coke

koola

wine

vein

beer

õlu

alcohol

alkohol

cocoa

kakao

tea

tee

coffee

kohv

espresso

espresso

cappuccino

cappuccino

banana

banaan

apple

õun

orange

apelsin

melon

arbuus

lemon

sidrun

carrot

porgand

garlic

küüslauk

bamboo

bambus

onion

sibul

mushroom

seen

nuts

pähklid

noodles

nuudlid

spaghetti

spagetid

rice

riis

salad

salat

chips

friikartulid

fried potatoes

praekartulid

pizza

pitsa

hamburger

hamburger

sandwich

võileib

cutlet

šnitsel

ham

sink

salami

salaami

sausage

vorst

chicken

kana

roast

praeliha

fish

kala

porridge oats

kaerahelbed

muesli

müsli

cornflakes

maisihelbed

flour

jahu

croissant

sarvesai

bread roll

kukkel

bread

leib

toast

röstsai

biscuits

küpsised

butter

või

curd

kohupiim

cake

kook

egg

muna

fried egg

praemuna

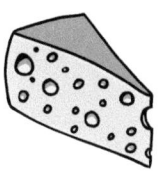

cheese

juust

ice cream

jäätis

sugar

suhkur

honey

mesi

jam

moos

chocolate spread

pähklivõie

curry

karri

goat

cow

calf

kits

lehm

vasikas

pig

piglet

bull

siga

põrsas

pull

goose

hani

duck

part

chick

tibu

hen

kana

cock

kukk

rat

rott

cat

kass

mouse

hiir

ox

härg

dog

koer

doghouse

koerakuut

garden hose

aiavoolik

watering can

kastekann

scythe

vikat

plough

ader

sickle

sirp

hoe

kõblas

pitchfork

hang

axe

kirves

wheelbarrow

käru

trough

küna

milk can

piimanõu

sack

kott

fence

tara

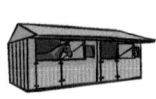

stable

tall

greenhouse

kasvuhoone

soil

muld

seed

seeme

fertilizer

väetis

combine harvester

kombain

harvest

saaki koristama

harvest

saagikoristus

yams

jamss

wheat

nisu

soy

soja

potato

kartul

corn

mais

rapeseed

raps

fruit tree

viljapuu

cassava

maniokk

cereals

teravili

house

maja

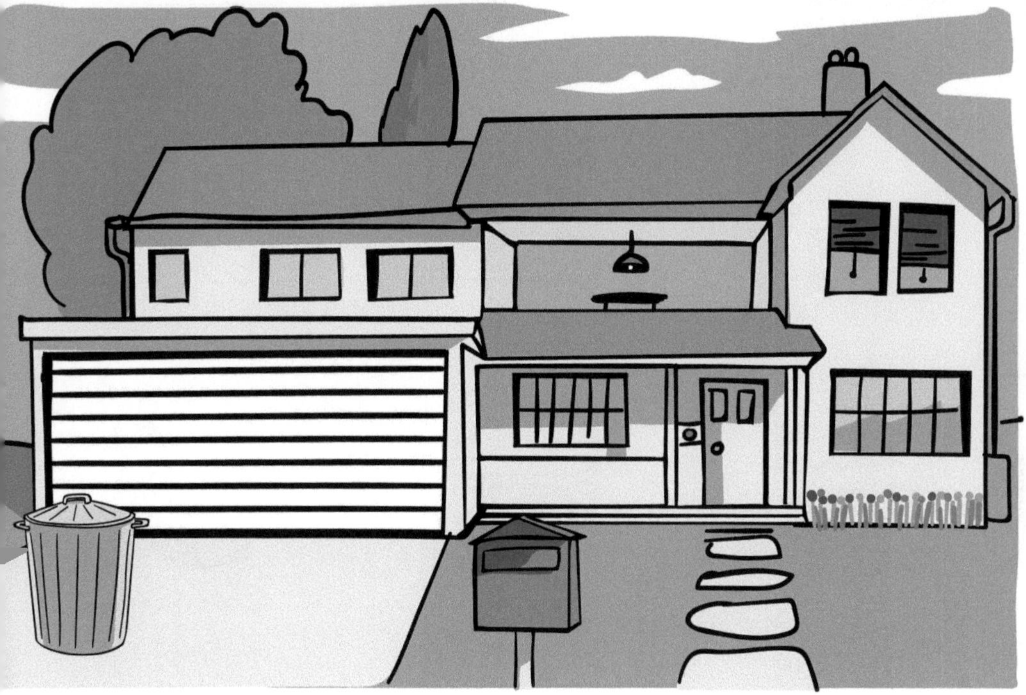

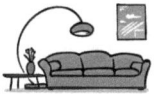

living room
elutuba

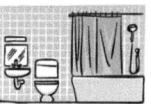

bathroom
vannituba

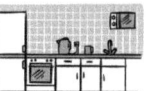

kitchen
köök

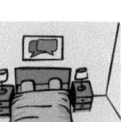

bedroom
magamistuba

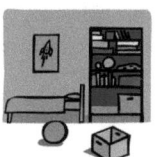

child's room
lastetuba

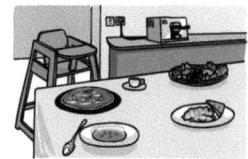

dining room
söögituba

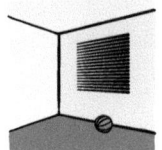

floor

põrand

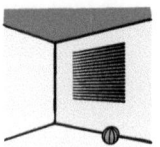

wall

sein

ceiling

lagi

cellar

kelder

sauna

saun

balcony

rõdu

terrace

terrass

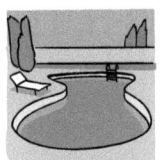

pool

bassein

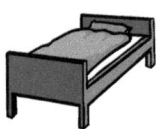

lawn mower

muruniiduk

sheet

voodilina

bedspread

päevatekk

bed

voodi

broom

luud

bucket

ämber

switch

lüliti

living room
elutuba

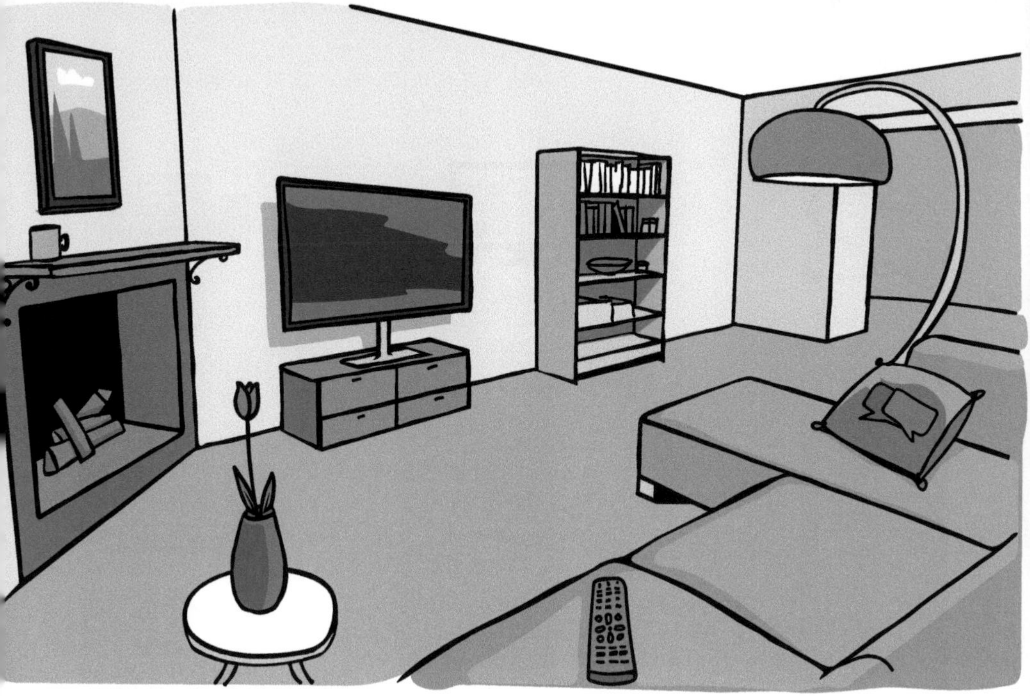

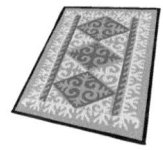

carpet

vaip

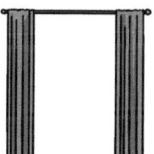

curtain

kardin

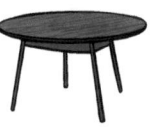

table

laud

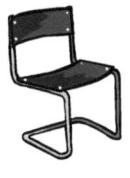

chair

tool

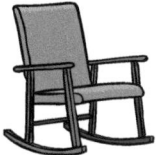

rocking chair

kiiktool

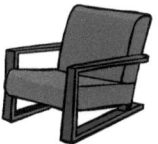

armchair

tugitool

book

raamat

blanket

tekk

decoration

kaunistus

firewood

küttepuud

film

film

hi-fi equipment

helisüsteem

key

võti

newspaper

ajaleht

painting

maal

poster

plakat

radio

raadio

notepad

märkmik

hoover

tolmuimeja

cactus

kaktus

candle

küünal

kitchen
köök

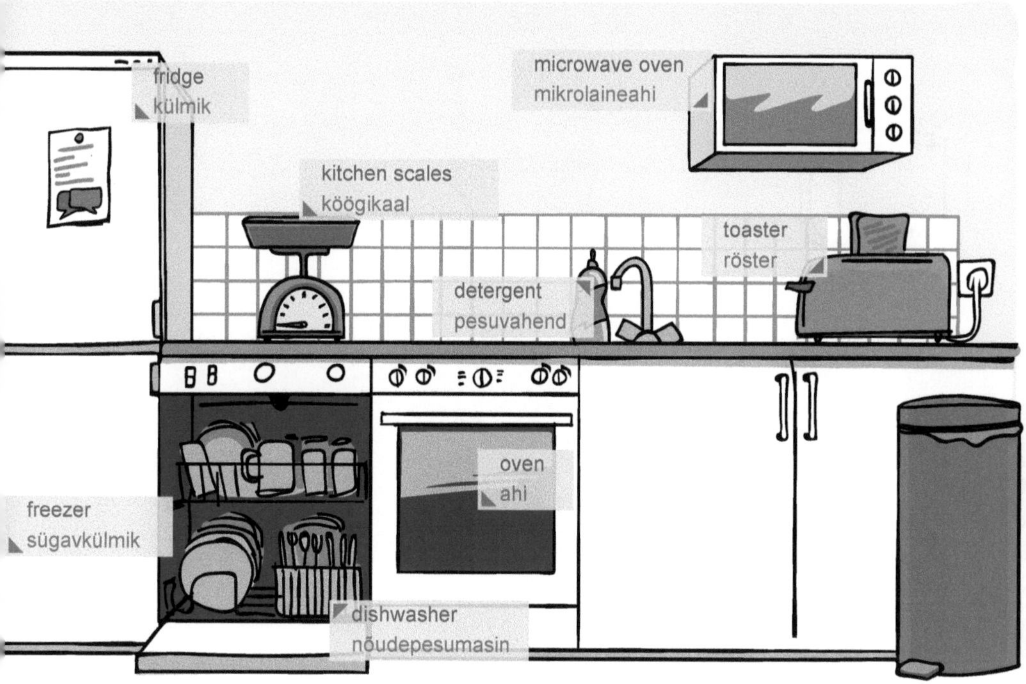
fridge
külmik
microwave oven
mikrolaineahi
kitchen scales
köögikaal
toaster
röster
detergent
pesuvahend
oven
ahi
freezer
sügavkülmik
dishwasher
nõudepesumasin

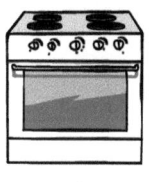

cooker
....
pliit

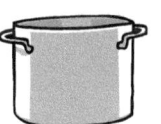

pot
....
pott

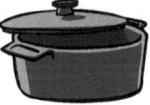

cast-iron pot
....
malmpott

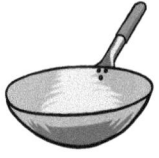

wok / kadai
....
vokkpann

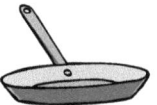

pan
....
pann

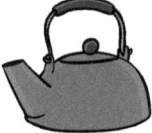

kettle
....
veekeetja

steamer

aurutaja

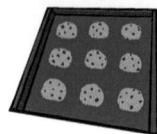

baking tray

küpsetusplaat

crockery

lauanõud

mug

kruus

bowl

kauss

chopsticks

söögipulgad

ladle

kulp

spatula

pannilabidas

whisk

vispel

strainer

kurn

sieve

sõel

grater

riiv

mortar

uhmer

barbecue

grill

open fire

lahtine tuli

kitchen - köök

chopping board

lõikelaud

rolling pin

tainarull

corkscrew

korgitser

can

konservipurk

can opener

konserviavaja

pot holder

pajakinnas

sink

kraanikauss

brush

hari

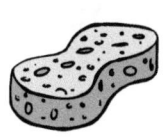

sponge

pesukäsn

blender

kannmikser

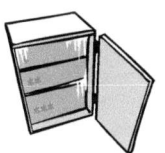

deep freezer

sügavkülmuti

baby bottle

lutipudel

tap

segisti

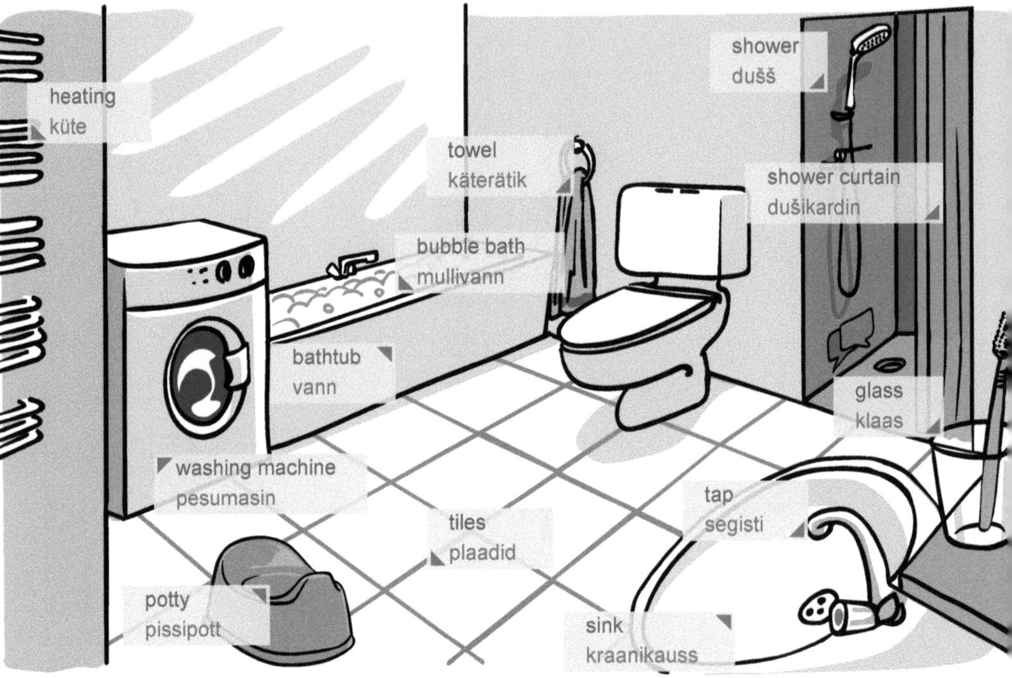

heating
küte

towel
käterätik

shower
dušš

shower curtain
dušikardin

bubble bath
mullivann

bathtub
vann

glass
klaas

washing machine
pesumasin

tiles
plaadid

tap
segisti

potty
pissipott

sink
kraanikauss

toilet	squat toilet	bidet
WC-pott	kükitamistualett	bidee

urinal	toilet paper	toilet brush
pissuaar	tualettpaber	WC-hari

toothbrush

hambahari

toothpaste

hambapasta

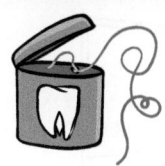

dental floss

hambaniit

wash

pesema

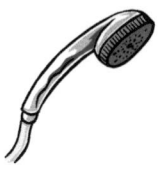

handheld shower

käsidušš

douche

intiimdušš

basin

pesukauss

back brush

seljahari

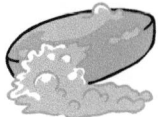

soap

seep

shower gel

dušigeel

shampoo

šampoon

flannel

vamm

drain

äravool

cream

kreem

deodorant

deodorant

mirror

peegel

hand mirror

käsipeegel

razor

habemenuga

shaving foam

raseerimisvaht

aftershave

habemevesi

comb

kamm

brush

hari

hair dryer

föön

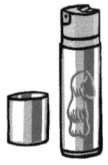

hairspray

juukselakk

makeup

meigikomplekt

lipstick

huulepulk

nail varnish

küünelakk

cotton wool

vatt

nail scissors

küünekäärid

perfume

parfüüm

washbag

tualett-tarvete kott

stool

taburet

weighing scale

kaal

bathrobe

hommikumantel

rubber gloves

kummikindad

tampon

tampoon

sanitary towel

hügieeniside

chemical toilet

keemiline tualett

child's room
lastetuba

alarm clock
äratuskell
cuddly toy
pehme mänguasi
toy car
mänguauto
rattle
kõristi
doll's house
nukumaja
present
kingitus

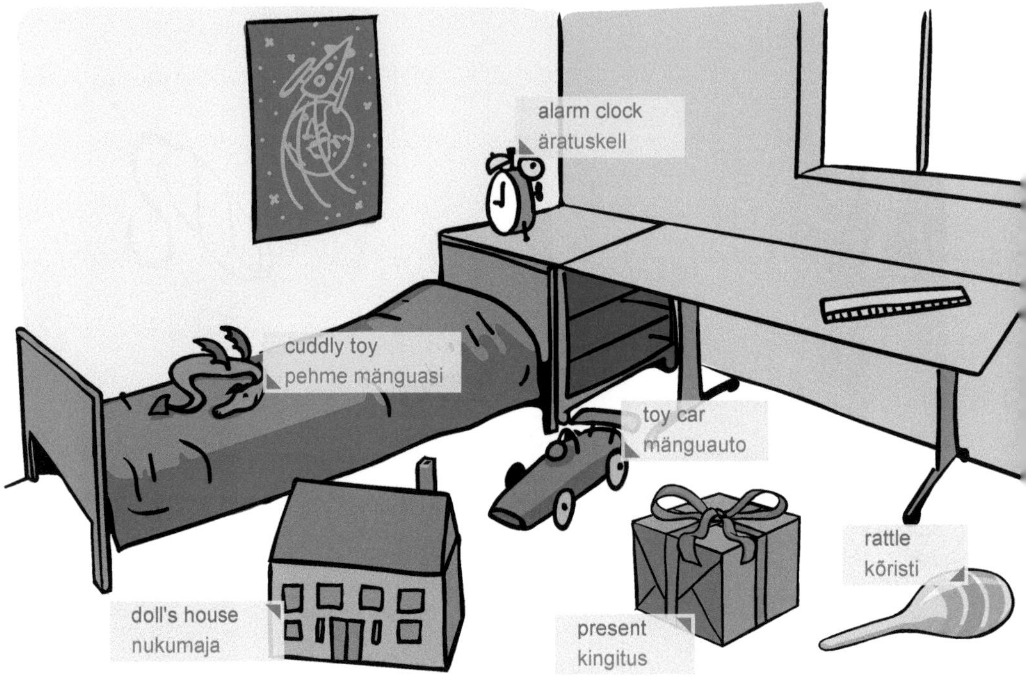

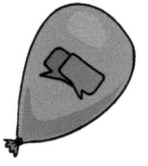

balloon
õhupall

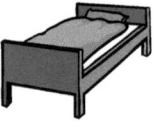

bed
voodi

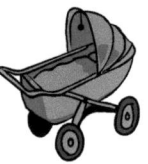

pram
lapsevanker

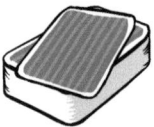

deck of cards
kaardipakk

jigsaw
pusle

SUPER
MEGA

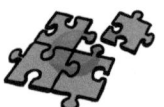

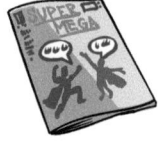

comic
koomiks

lego bricks

Lego klotsid

building blocks

klotsid

action figure

kujuke

babygrow

siputuspüksid

frisbee

lendav taldrik

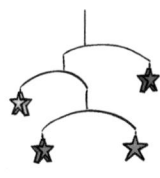

mobile

voodikarussell

board game

lauamäng

dice

täringud

model train set

mudelrong

dummy

lutt

party

pidu

picture book

pildiraamat

ball

pall

doll

nukk

play

mängima

sandpit

liivakast

swing

kiik

toys

mänguasjad

video game console

mängukonsool

tricycle

kolmerattaline jalgratas

teddy bear

mängukaru

wardrobe

riidekapp

clothing

riietus

socks

sokid

stockings

sukad

tights

sukkpüksid

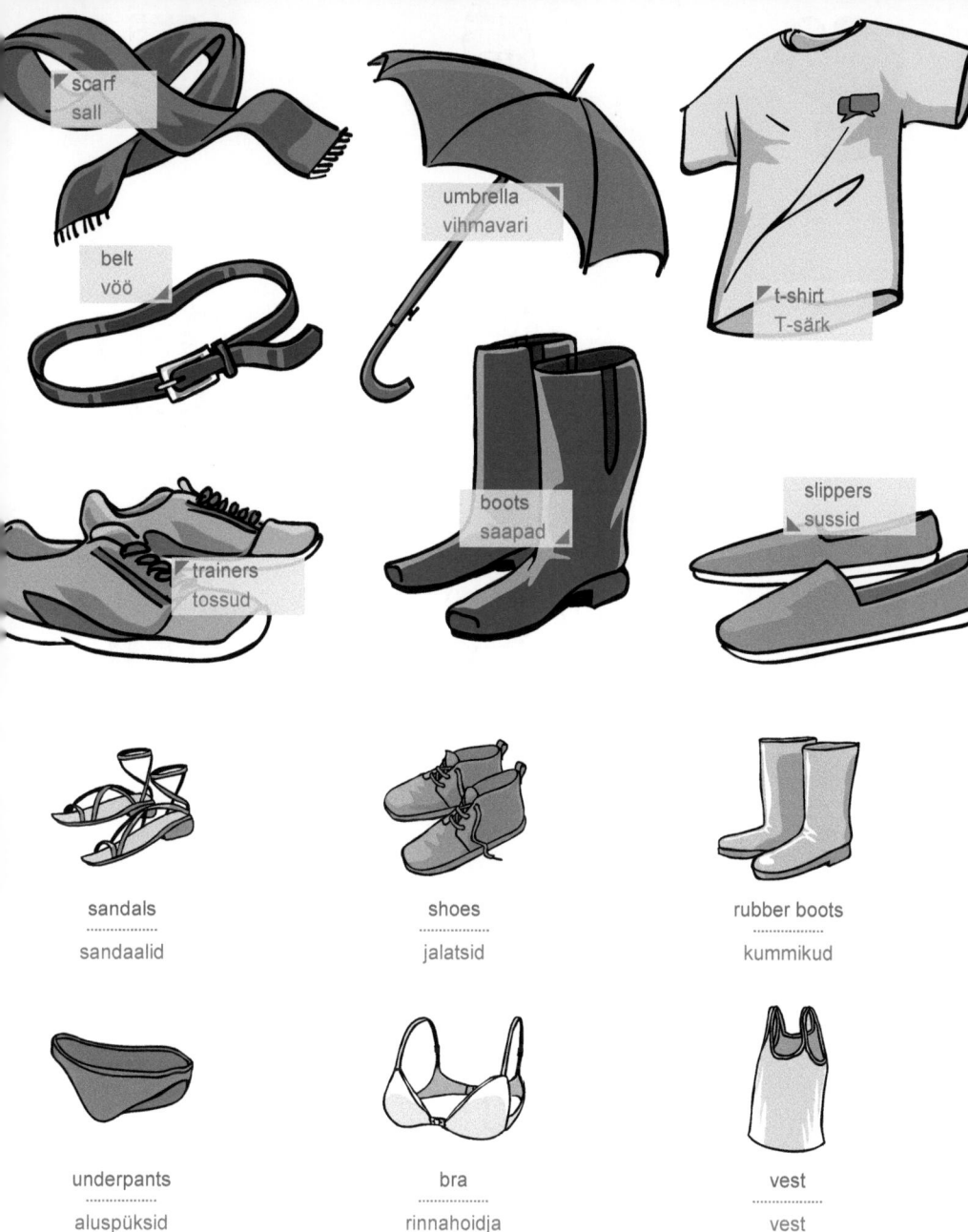

scarf
sall

belt
vöö

umbrella
vihmavari

t-shirt
T-särk

boots
saapad

slippers
sussid

trainers
tossud

sandals
....
sandaalid

shoes
....
jalatsid

rubber boots
....
kummikud

underpants
....
aluspüksid

bra
....
rinnahoidja

vest
....
vest

clothing - riietus

body

bodi

trousers

püksid

jeans

teksapüksid

skirt

seelik

blouse

pluus

shirt

särk

pullover

sviiter

hoodie

dressipluus

blazer

bleiser

jacket

jakk

coat

mantel

raincoat

vihmamantel

costume

kostüüm

dress

kleit

wedding dress

pulmakleit

suit

ülikond

nightgown

öösärk

pyjamas

pidžaama

sari

sari

headscarf

pearätt

turban

turban

burqa

burka

kaftan

kaftan

abaya

abayah

swimsuit

ujumistrikoo

trunks

ujumispüksid

shorts

lühikesed püksid

tracksuit

dressid

apron

põll

gloves

kindad

button

nööp

glasses

prillid

bracelet

käevõru

necklace

kaelakee

ring

sõrmus

earring

kõrvarõngas

cap

nokamüts

coat hanger

riidepuu

hat

kaabu

tie

lips

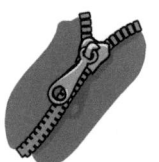

zip

tõmblukk

helmet

kiiver

braces

traksid

school uniform

koolivorm

uniform

vormirõivad

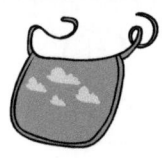

bib

pudipõll

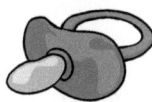

dummy

lutt

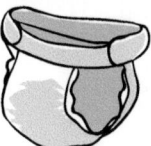

nappy

mähe

office
kontor

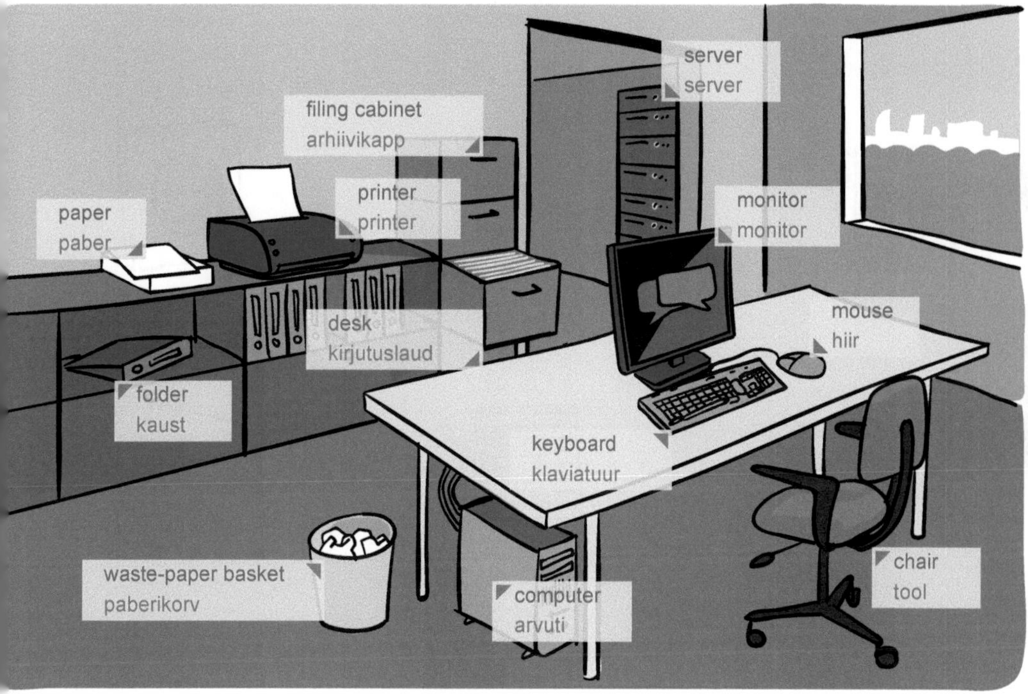
server
server
filing cabinet
arhiivikapp
paper
paber
printer
printer
monitor
monitor
mouse
hiir
desk
kirjutuslaud
folder
kaust
keyboard
klaviatuur
waste-paper basket
paberikorv
computer
arvuti
chair
tool

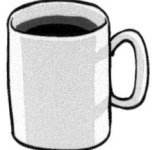

coffee mug

kohvikruus

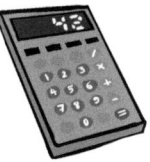

calculator

kalkulaator

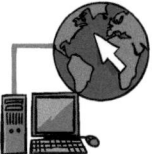

internet

internet

laptop

sülearvuti

letter

kiri

message

sõnum

mobile

mobiiltelefon

network

võrk

photocopier

koopiamasin

software

tarkvara

telephone

telefon

plug socket

pistikupesa

fax machine

faksimasin

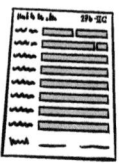

form

vorm

document

dokument

office - kontor

buy

ostma

pay

maksma

trade

vahetama

money

raha

dollar

dollar

euro

euro

yen

jeen

rouble

rubla

Swiss franc

Šveitsi frank

renminbi yuan

renminbi jüaan

rupee

ruupia

cashpoint

sularahaautomaat

bureau de change

valuutavahetuspunkt

gold

kuld

silver

hõbe

oil

nafta

energy

energia

price

hind

contract

leping

tax

maks

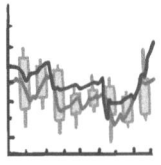

stock

aktsia

work

töötama

employee

töötaja

employer

tööandja

factory

tehas

shop

kauplus

economy - majandus

occupations
ametid

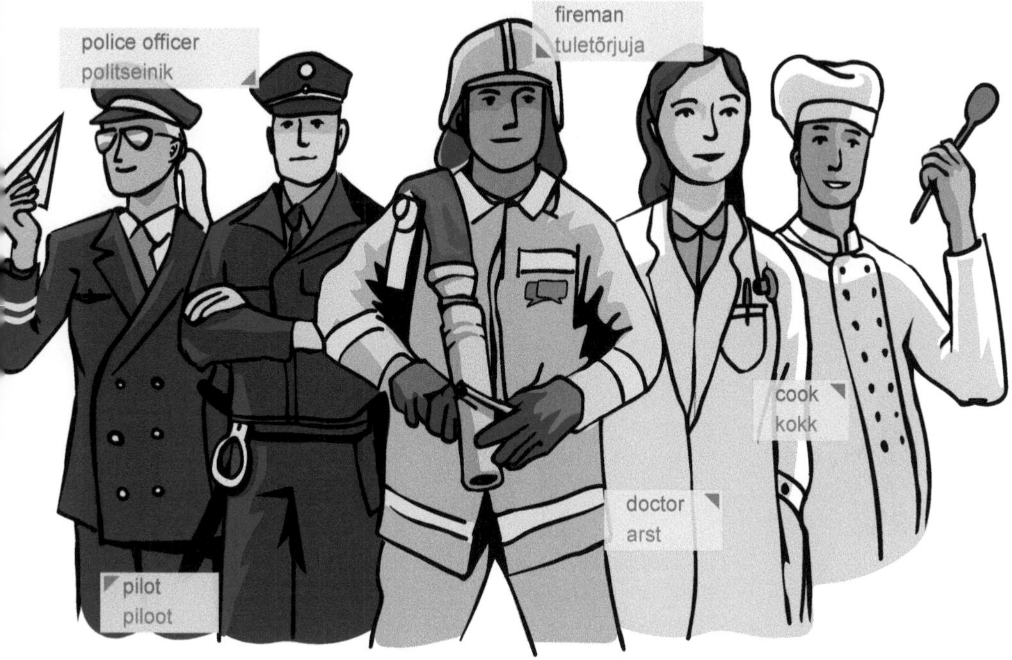
police officer
politseinik
fireman
tuletõrjuja
cook
kokk
doctor
arst
pilot
piloot

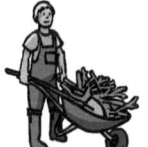

gardener
aednik

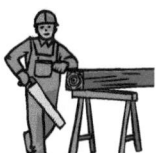

carpenter
puusepp

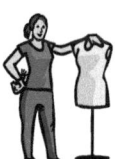

seamstress
õmbleja

judge
kohtunik

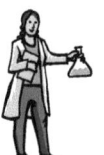

chemist
keemik

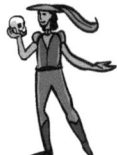

actor
näitleja

bus driver

bussijuht

taxi driver

taksojuht

fisherman

kalamees

cleaning lady

koristaja

roofer

katusepaigaldaja

waiter

kelner

hunter

jahimees

painter

maaler

baker

pagar

electrician

elektrik

builder

ehitaja

engineer

insener

butcher

lihunik

plumber

torumees

postman

postiljon

soldier

sõdur

architect

arhitekt

cashier

kassapidaja

florist

lillemüüja

hairdresser

juuksur

conductor

piletikontrolör

mechanic

mehaanik

captain

kapten

dentist

hambaarst

scientist

teadlane

rabbi

rabi

imam

imaam

monk

munk

clergyman

preester

tools
tööriistad

pliers
tangid
hammer
haamer
screwdriver
kruvikeeraja
spanner
mutrivõti
torch
taskulamp

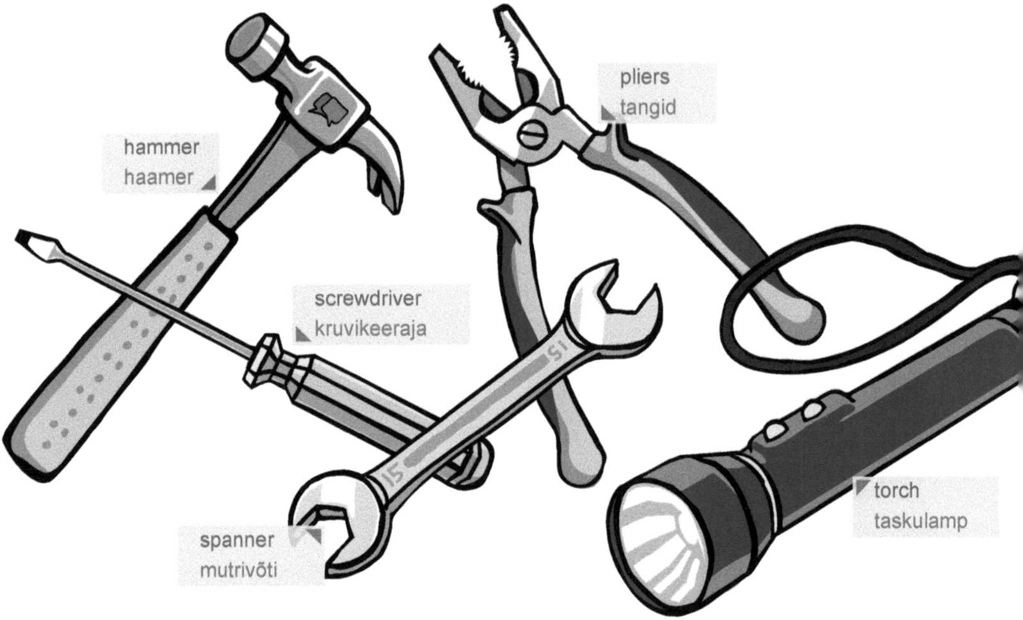

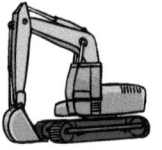

digger

ekskavaator

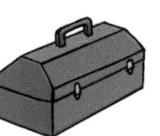

toolbox

tööriistakast

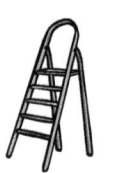

ladder

redel

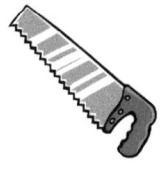

saw

saag

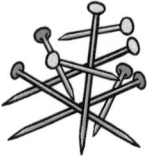

nails

naelad

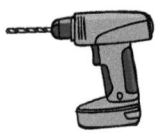

drill

trell

repair

parandama

shovel

labidas

Damn!

Põrgusse!

dustpan

kühvel

paint pot

värvipott

screws

kruvid

musical instruments
pillid

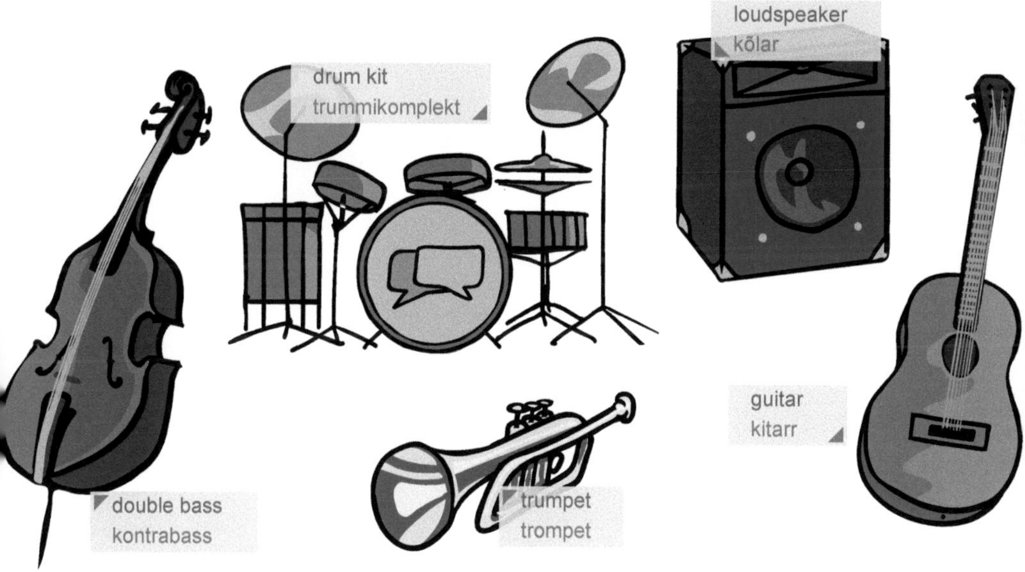

loudspeaker
kõlar

drum kit
trummikomplekt

guitar
kitarr

double bass
kontrabass

trumpet
trompet

piano

klaver

violin

viiul

bass

bass

timpani

timpan

drums

trummid

keyboard

süntesaator

saxophone

saksofon

flute

flööt

microphone

mikrofon

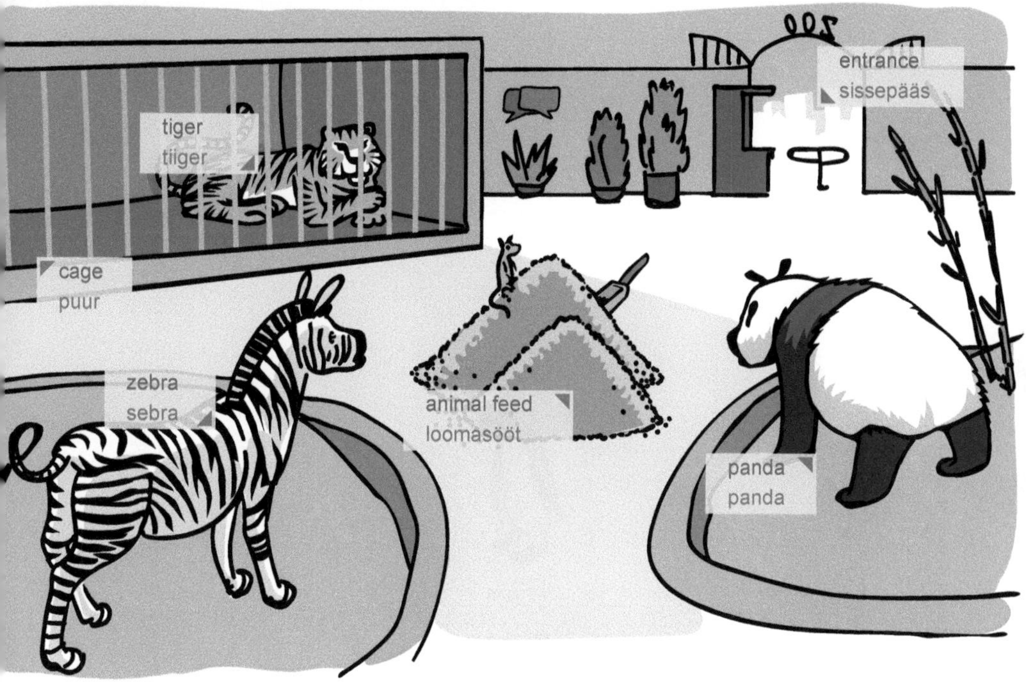

entrance
sissepääs

tiger
tiiger

cage
puur

zebra
sebra

animal feed
loomasööt

panda
panda

animals
loomad

elephant
elevant

kangaroo
känguru

rhino
ninasarvik

gorilla
gorilla

bear
karu

camel

kaamel

ostrich

jaanalind

lion

lõvi

monkey

ahv

flamingo

flamingo

parrot

papagoi

polar bear

jääkaru

penguin

pingviin

shark

hai

peacock

paabulind

snake

madu

crocodile

krokodill

zookeeper

loomaaiatalitaja

seal

hüljes

jaguar

jaaguar

pony

poni

leopard

leopard

hippo

jõehobu

giraffe

kaelkirjak

eagle

kotkas

boar

metssiga

fish

kala

turtle

kilpkonn

walrus

morsk

fox

rebane

gazelle

gasell

American football
Ameerika jalgpall

cycling
jalgrattasõit

tennis
tennis

basketball
korvpall

swimming
ujumine

boxing
poksimine

ice hockey
jäähoki

football
jalgpall

badminton
sulgpall

athletics
kergejõustik

handball
käsipall

skiing
suusatamine

polo
polo

laugh
naerma

jump
hüppama

hug
kallistama

walk
jalutama

sing
laulma

dream
unistama

pray
palvetama

kiss
suudlema

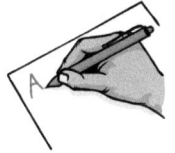

write

kirjutama

draw

joonistama

show

näitama

push

lükkama

give

andma

take

võtma

activities - tegevused

have
omama

do
tegema

be
olema

stand
seisma

run
jooksma

pull
tõmbama

throw
viskama

fall
kukkuma

lie
lamama

wait
ootama

carry
kandma

sit
istuma

get dressed
riidesse panema

sleep
magama

wake up
ärkama

look at

vaatama

cry

nutma

stroke

paitama

comb

kammima

talk

rääkima

understand

aru saama

ask

küsima

listen

kuulama

drink

jooma

eat

sööma

tidy up

korrastama

love

armastama

cook

süüa tegema

drive

sõitma

fly

lendama

sail

purjetama

calculate

arvutama

read

lugema

learn

õppima

work

töötama

marry

abielluma

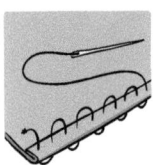

sew

õmblema

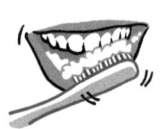

brush teeth

hambaid pesema

kill

tapma

smoke

suitsetama

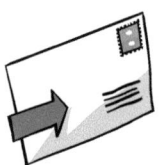

send

saatma

grandmother
vanaema

grandfather
vanaisa

father
isa

mother
ema

baby
imik

daughter
tütar

son
poeg

guest

külaline

aunt

tädi

uncle

onu

brother

vend

sister

õde

body

keha

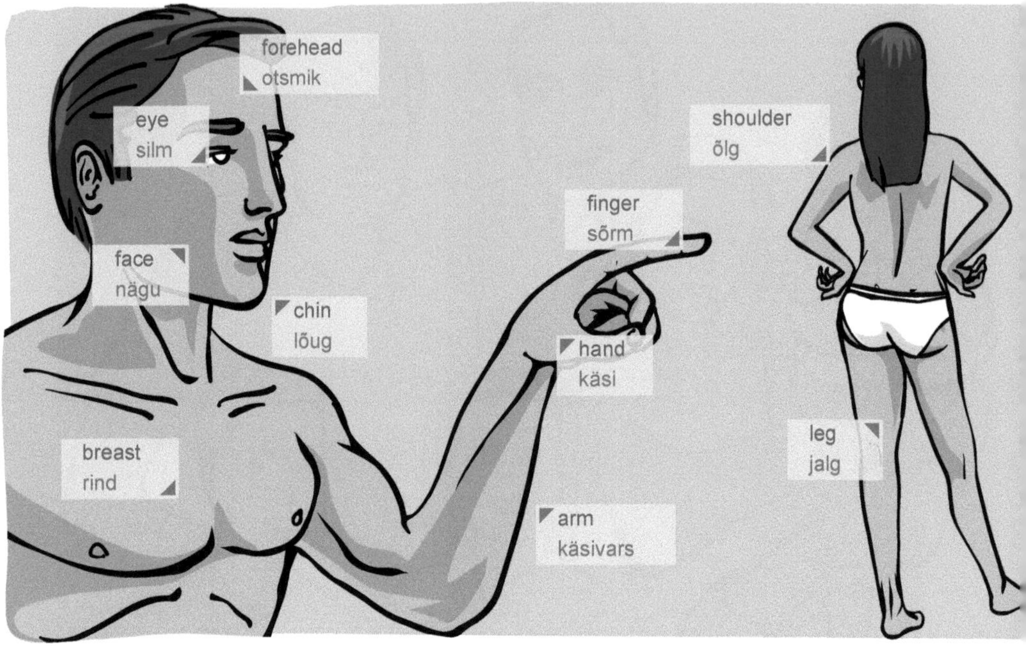

forehead
otsmik

eye
silm

shoulder
õlg

finger
sõrm

face
nägu

chin
lõug

hand
käsi

breast
rind

leg
jalg

arm
käsivars

baby

imik

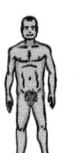

man

mees

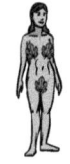

woman

naine

girl

tüdruk

boy

poiss

head

pea

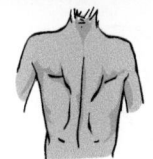

back

selg

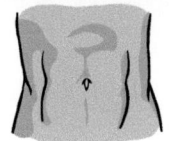

belly

kõht

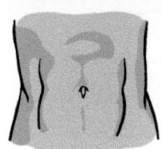

belly button

naba

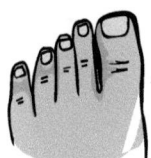

toe

varvas

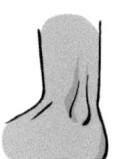

heel

kand

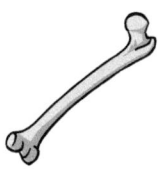

bone

luu

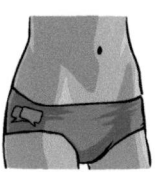

hip

puus

knee

põlv

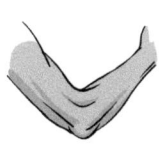

elbow

küünarnukk

nose

nina

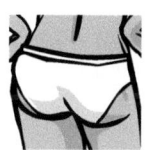

bottom

tagumik

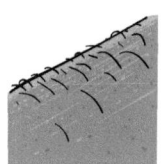

skin

nahk

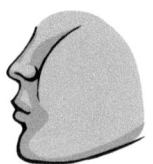

cheek

põsk

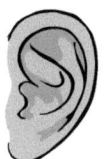

ear

kõrv

lip

huuled

mouth

suu

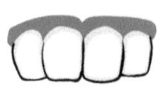

tooth

hammas

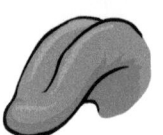

tongue

keel

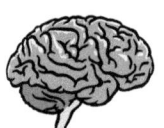

brain

aju

heart

süda

muscle

lihas

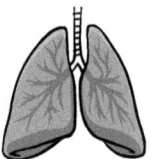

lung

kops

liver

maks

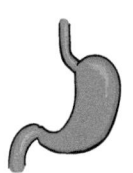

stomach

magu

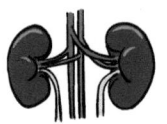

kidneys

neerud

sex

seksuaalvahekord

condom

kondoom

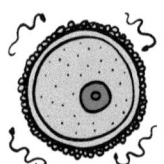

ovum

munarakk

semen

sperma

pregnancy

rasedus

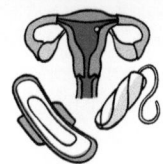

menstruation

menstruatsioon

vagina

vagiina

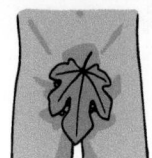

penis

peenis

eyebrow

kulm

hair

juuksed

neck

kael

hospital
haigla

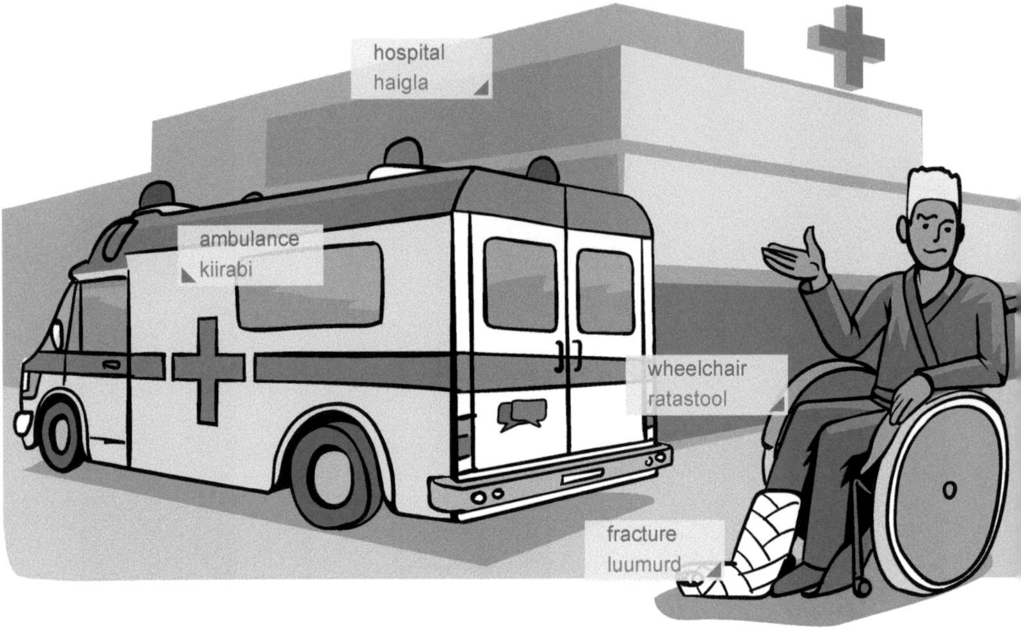

hospital
haigla
ambulance
kiirabi
wheelchair
ratastool
fracture
luumurd

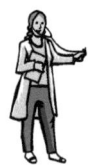

doctor
arst

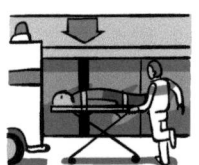

emergency room
traumapunkt

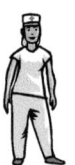

nurse
meditsiiniõde

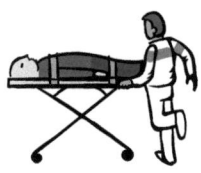

emergency
hädaolukord

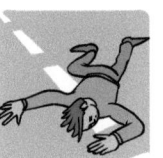

unconscious
teadvuseta

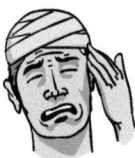

pain
valu

injury

vigastus

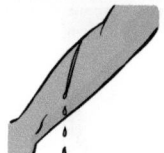

bleeding

verejooks

heart attack

südamerabandus

stroke

insult

allergy

allergia

cough

köha

fever

palavik

flu

gripp

diarrhoea

kõhulahtisus

headache

peavalu

cancer

vähk

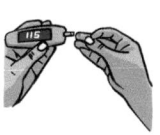

diabetes

diabeet

surgeon

kirurg

scalpel

skalpell

operation

operatsioon

CT

KT

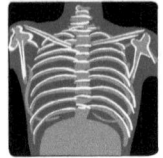

x-ray

röntgen

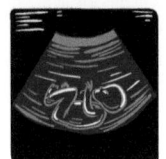

ultrasound

ultraheli

face mask

mask

disease

haigus

waiting room

ooteruum

crutch

kark

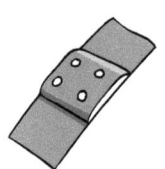

plaster

kips

bandage

side

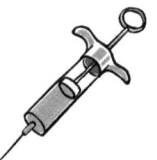

injection

süst

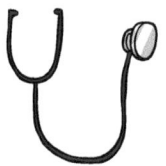

stethoscope

stetoskoop

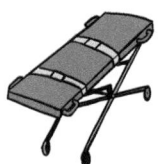

stretcher

kanderaam

clinical thermometer

kraadiklaas

birth

sünd

overweight

ülekaaluline

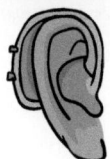

hearing aid
kuuldeaparaat

disinfectant
desinfektsioonivahend

infection
põletik

virus
viirus

HIV / AIDS
HIV / AIDS

medicine
meditsiin

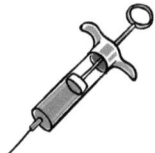

vaccination
vaktsineerimine

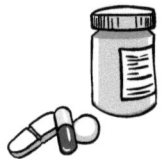

tablets
tabletid

pill
pill

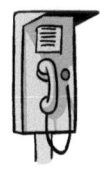

emergency call
hädaabikõne

blood pressure monitor
vererõhuaparaat

ill / healthy
haige / terve

Help!
Appi!

alarm
häire

assault
kallaletung

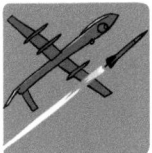

attack
rünnak

danger
oht

emergency exit
avariiväljapääs

Fire!
Tulekahju!

fire extinguisher
tulekustuti

accident
õnnetus

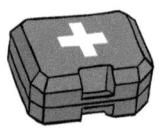

first-aid kit
esmaabikomplekt

SOS
SOS

police
politsei

Europe

Euroopa

North America

Põhja-Ameerika

South America

Lõuna-Ameerika

Africa

Aafrika

Asia

Aasia

Australia

Austraalia

Atlantic

Atlandi ookean

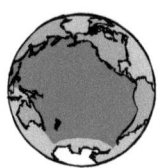

Pacific

Vaikne ookean

Indian Ocean

India ookean

Antarctic Ocean

Lõuna-Jäämeri

Arctic Ocean

Põhja-Jäämeri

North Pole

põhjapoolus

South Pole
lõunapoolus

Antarctica
Antarktika

Earth
Maa

land
maismaa

sea
meri

island
saar

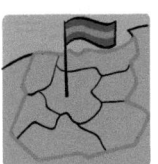

nation
rahvus

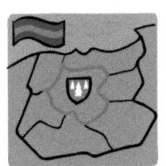

state
riik

clock face

sihverplaat

hour hand

tunniosuti

minute hand

minutiosuti

second hand

sekundiosuti

What time is it?

Mis kell on?

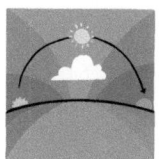

day

päev

time

aeg

now

praegu

digital watch

digitaalne kell

minute

minut

hour

tund

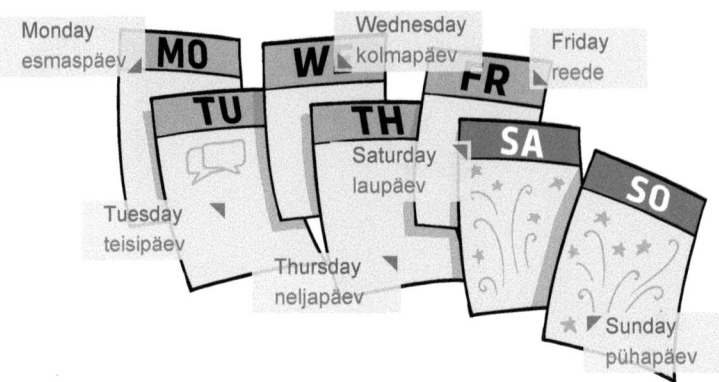

Monday
esmaspäev

Wednesday
kolmapäev

Friday
reede

Tuesday
teisipäev

Saturday
laupäev

Thursday
neljapäev

Sunday
pühapäev

yesterday

eile

today

täna

tomorrow

homme

morning

hommik

noon

lõuna

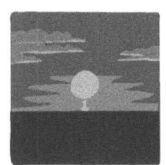

evening

õhtu

MO	TU	WE	TH	FR	SA	SU
1	2	3	4	5	6	7
8	9	10	11	12	13	14
15	16	17	18	19	20	21
22	23	24	25	26	27	28
29	30	31	1	2	3	4

business days

tööpäevad

MO	TU	WE	TH	FR	SA	SU
1	2	3	4	5	6	7
8	9	10	11	12	13	14
15	16	17	18	19	20	21
22	23	24	25	26	27	28
29	30	31	1	2	3	4

weekend

nädalavahetus

year
aasta

rain
vihm
snow
lumi
wind
tuul
spring
kevad
autumn
sügis
summer
suvi
winter
talv

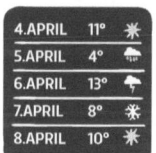

4.APRIL 11°
5.APRIL 4°
6.APRIL 13°
7.APRIL 8°
8.APRIL 10°

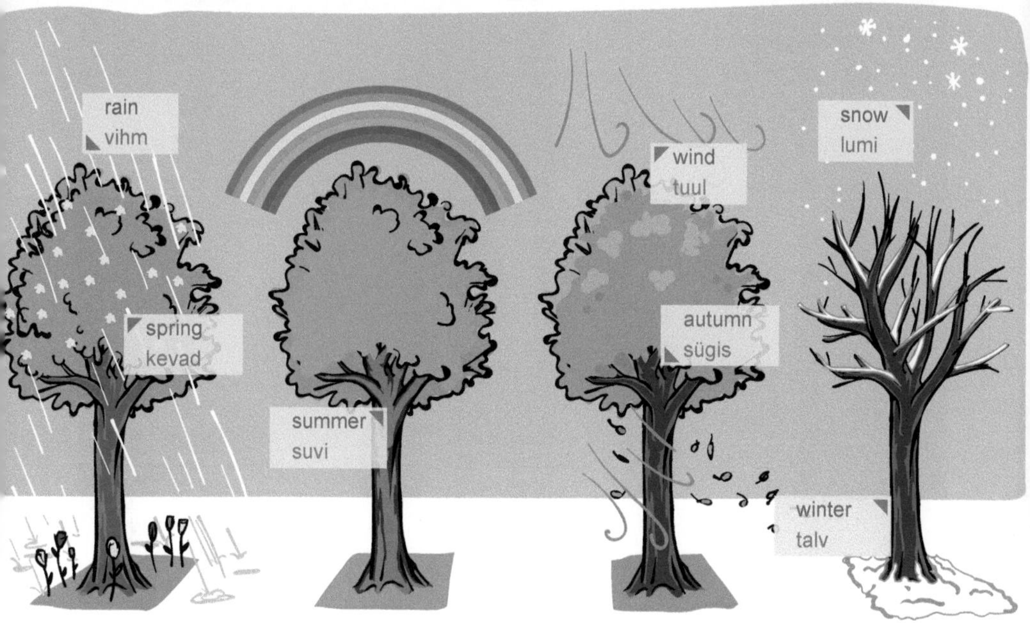

weather forecast

ilmaennustus

F C
120 40
90 30
60 20
30 10
0 0
-30 -10
-20

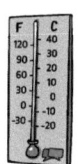

thermometer

termomeeter

sunshine

päikesepaiste

cloud

pilv

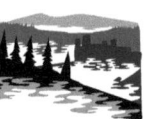

fog

udu

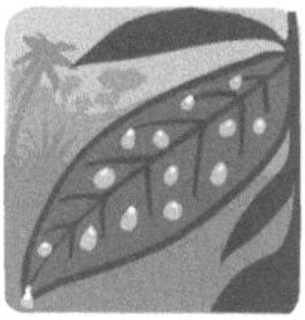

humidity

niiskus

lightning

pikne

thunder

kõu

storm

torm

hail

rahe

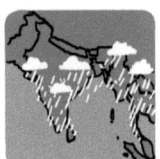

monsoon

mussoon

flood

üleujutus

ice

jää

January

jaanuar

February

veebruar

March

märts

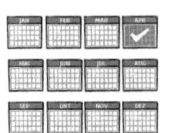

April

aprill

May

mai

June

juuni

July

juuli

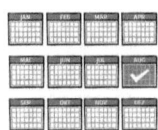

August

august

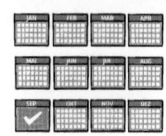

September

september

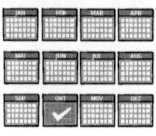

October

oktoober

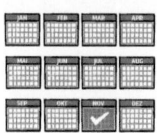

November

november

December

detsember

shapes
kujundid

circle

ring

square

ruut

rectangle

nelinurk

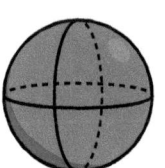

triangle

kolmnurk

sphere

kera

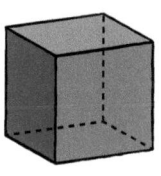

cube

kuup

white

valge

yellow

kollane

orange

oranž

pink

roosa

red

punane

purple

lilla

blue

sinine

green

roheline

brown

pruun

grey

hall

black

must

a lot / a little

palju / vähe

angry / calm

vihane / rahulik

beautiful / ugly

ilus / inetu

beginning / end

algus / lõpp

big / small

suur / väike

bright / dark

hele / tume

brother / sister

vend / õde

clean / dirty

puhas / must

complete / incomplete

täielik / puudulik

day / night

päev / öö

dead / alive

surnud / elus

wide / narrow

lai / kitsas

edible / inedible

söödav / mittesöödav

evil / kind

kuri / sõbralik

excited / bored

põnevil / tüdinud

fat / thin

paks / peenike

first / last

esimene / viimane

friend / enemy

sõber / vaenlane

full / empty

täis / tühi

hard / soft

kõva / pehme

heavy / light

raske / kerge

hunger / thirst

nälg / janu

ill / healthy

haige / terve

illegal / legal

ebaseaduslik / seaduslik

intelligent / stupid

tark / rumal

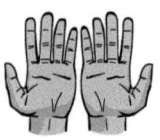

left / right

vasak / parem

near / far

lähedal / kaugel

new / used

uus / kasutatud

nothing / something

mitte midagi / midagi

old / young

vana / noor

on / off

sees / väljas

open / closed

lahti / kinni

quiet / loud

vaikne / vali

rich / poor

rikas / vaene

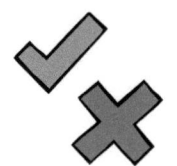

right / wrong

õige / vale

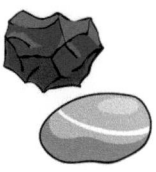

rough / smooth

kare / sile

sad / happy

kurb / rõõmus

short / long

lühike / pikk

slow / fast

aeglane / kiire

wet / dry

märg / kuiv

warm / cool

soe / jahe

war / peace

sõda / rahu

numbrid

0	**1**	**2**
zero	one	two
null	üks	kaks

3	**4**	**5**
three	four	five
kolm	neli	viis

6	**7**	**8**
six	seven	eight
kuus	seitse	kaheksa

9	**10**	**11**
nine	ten	eleven
üheksa	kümme	üksteist

12
twelve

kaksteist

13
thirteen

kolmteist

14
fourteen

neliteist

15
fifteen

viisteist

16
sixteen

kuusteist

17
seventeen

seitseteist

18
eighteen

kaheksateist

19
nineteen

üheksateist

20
twenty

kakskümmend

100
hundred

sada

1.000
thousand

tuhat

1.000.000
million

miljon

English

inglise

American English

Ameerika inglise

Chinese Mandarin

mandariini

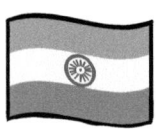

Hindi

hindi

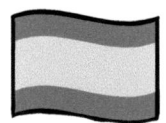

Spanish

hispaania

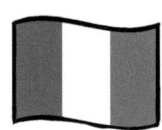

French

prantsuse

Arabic

araabia

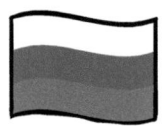

Russian

vene

Portuguese

portugali

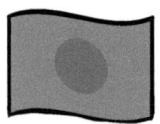

Bengali

bengali

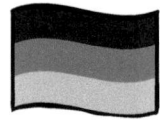

German

saksa

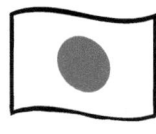

Japanese

jaapani

I
....
mina

you
....
sina

he / she / it
....
tema

we
....
meie

you
....
teie

they
....
nemad

who?
....
kes?

what?
....
mis?

how?
....
kuidas?

where?
....
kus?

when?
....
millal?

name
....
nimi

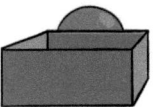

behind

taga

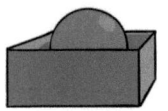

in

sees

in front of

ees

over

kohal

on

peal

under

all

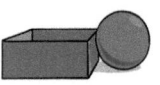

beside

kõrval

between

vahel

place

koht